AF243438

VIE
DE SAINT MARTIN

DE TOURS.

PARIS,

Ve. DE HATON, rue Bonaparte, 68.

EXTRAITS DE QUELQUES LETTRES.

Marseille, 14 janvier 1859.

Dans ma mission dernière, j'ai non pas lu mais dévoré vos opuscules. Envoyez-m'en pour 20 fr.

P. BERNARD, *miss. apostolique capucin.*

Institut des Frères de Sainte-Croix du Mans.

Je suis si satisfait de vos livres que je me propose de profiter du prochain chapitre général pour les recommander à tous les supérieurs de nos maisons. Envoyez-moi tout ce que vous éditerez. MOREAU, *sup. général.*

Orléans, monastère de la Visitation.

Vos livres sont charmants. Toutes nos maisons vous en demanderont pour leurs pensionnaires ; car c'est une vraie bonne fortune. Sœur MARCOU, *supérieure.*

Paris, maison des Oiseaux,
rue de Sèvres.

Votre premier envoi est déjà épuisé. Je viens vous redemander cette fois *deux mille* de vos petits traités ; c'est vous dire combien nous les trouvons propres à faire du bien. Sœur MARIE-SOPHIE, *supérieure.*

Sanctuaire du Laus (Basses-Alpes).

Votre œuvre de propagande à prix réduits fera du bien. Vos opuscules sont bien choisis. Envoyez-m'en 1000 brochés et 524 cartonnés. Je ne veux point de crédit. BLANCHARD, *sup. des missionnaires.*

Communauté des filles de la croix de la Puye.

J'ai eu connaissance de vos petits livres, je veux les propager dans tous nos établissements. Envoyez-m'en deux mille brochés et quatre cents cartonnés. Votre œuvre mérite d'être appréciée. Sœur SAINT-ROGER, *sup. générale.*

Grand Séminaire de Cambrai.

Votre œuvre excite l'enthousiasme de tous mes condisciples ; il ne me faut pas moins de deux mille sept cents exemplaires pour satisfaire à toutes les demandes qu'ils me chargent de vous faire. FEUILLET, *diacre.*

VIES
DE SAINT MARTIN
et des
PRINCIPAUX SAINTS MILITAIRES.

SE VEND
AU TOMBEAU DE SAINT MARTIN.
1861.

TABLE DES MATIÈRES.

Toulouse, Impr. de Lamarque et Rives.

VIE

DE SAINT MARTIN

DE TOURS.

Saint Martin, la gloire des Gaules, la lumière de l'Eglise d'Occident, au quatrième siècle, naquit à Sabarie, ville de Pannonie, dont on voit encore les ruines sur la rivière de Gunez, dans la Basse-Hongrie, vers les frontières de l'Autriche et de la Styrie, à deux lieues de Sarwar, sur le Raab. Saint Grégoire de Tours met sa naissance en 316; Jérôme de Prato la met six ans plus tôt. Ses parents le portèrent, dès son enfance, à Pavie en Italie, où ils se retiraient; et il reçut dans cette ville sa première éducation. Son père, qui avait servi avec distinction, fut élevé au grade de tribun militaire, qui revient à peu près à celui de colonel, parmi nous.

Dès ses premières années, Martin parut animé

de l'esprit de Dieu; et, quoique sa famille fût idolâtre, il n'avait de goût que pour les exercices de piété. Il allait à l'église malgré ses parents, et il demanda à l'âge de dix ans d'être inscrit parmi les catéchumènes. On lui accorda la grâce qu'il sollicitait, et il s'en montra digne par son assiduité aux instructions qu'on faisait à ceux qui désiraient le baptême. Il conçut un si ardent amour pour le Seigneur, qu'à l'âge de douze ans il forma le projet de se retirer dans un désert, et il l'aurait exécuté, si la faiblesse de son âge ne s'y fût opposée. Penser à l'église et aux monastères, était la seule chose qui occupât son esprit et son cœur.

Cependant il vint un ordre de l'empereur qui obligeait les enfants des officiers et des soldats vétérans à porter les armes. Le père de Martin découvrit lui-même son fils, pour le forcer à suivre une profession qu'il jugeait préférable à toutes les autres. Ainsi Martin, qui avait quinze ans, prêta le serment militaire, et entra dans la cavalerie. Il se contenta d'un seul domestique, qu'il traitait comme son égal, et auquel il rendait souvent les services les plus humiliants. Il sut se préserver des vices qui ne déshonorent que trop la plus noble des professions, et il gagna l'estime de tous ceux qui avaient à vivre avec lui, par sa charité, sa douceur et ses autres vertus. Sa patience et son humilité paraissaient au-dessus des forces de la nature humaine, quoiqu'il n'eût point encore reçu le baptème. Les

affligés trouvaient en lui un consolateur; il soula-
geait les indigents, et ne se réservait de ses appoin-
tements que ce qui lui était absolument nécessaire
pour sa subsistance. Saint Sulpice Sévère raconte le
trait suivant de sa charité pour les pauvres.

Un jour qu'il était en marche, au milieu d'un
hiver si rigoureux que plusieurs personnes mouru-
rent de froid, il rencontra à la porte d'Amiens un
pauvre presque nu qui demandait l'aumône aux
passants. Voyant que ceux qui le précédaient n'a-
vaient point regardé ce malheureux, il pensa que
Dieu le lui avait réservé; mais il avait distribué
tout ce qu'il possédait, et il ne lui restait plus que
ses armes et ses vêtements. Que faire? Il coupe son
manteau en deux; il en donne la moitié au pauvre,
et s'enveloppe comme il peut avec l'autre moitié.
Quelques-uns de ceux qui le virent en cet état, se
mirent à le railler; mais d'autres, frappés du motif
qui l'avait fait agir, furent saisis d'admiration, et
se reprochèrent secrètement de n'avoir pas assisté le
pauvre. La nuit suivante, Martin vit en songe
Jésus-Christ couvert de cette moitié de manteau
qu'il avait donnée, et il l'entendit dire à une troupe
d'anges qui l'environnaient : « Martin, qui n'est
encore que catéchumène, m'a couvert de ce vête-
ment. (1) »

(1) La seule relique que l'on possède du manteau de saint
Martin a été solennellement restituée à l'église d'Olivet,
diocèse d'Orléans

Cette vision lui inspira un nouveau zèle pour la gloire de Dieu. Il demanda le baptême, qu'il reçut dans sa dix-huitième année. Il resta cependant encore près de deux ans à l'armée, il le fit à la prière de son tribun avec lequel il vivait dans une étroite amitié, et qui lui avait promis de renoncer au monde quand le terme de sa commission serait expiré. Pendant cet intervalle, il ne pensa qu'aux obligations de son baptême, et il n'avait presque plus que le nom de soldat ; il attendait avec la plus vive impatience le moment où il ne vivrait plus que pour Dieu.

Les Germains ayant fait une irruption dans les Gaules, on assembla les troupes pour marcher contre eux. Il y eut à cette occasion une distribution de largesses faite aux soldats. Martin, qui pensait à sa retraite, eut la délicatesse de ne pas vouloir participer à des récompenses qui supposaient une continuation de service. Il demanda donc que ce qui devait lui revenir fût donné à quelque autre, et il sollicita en même temps la liberté de ne plus servir que sous les étendards de Jésus-Christ. Comme on lui reprochait d'agir par la crainte de se trouver à la bataille qui devait se donner le lendemain, il répondit avec intrépidité : « Si c'est à la lâcheté » qu'on attribue ma conduite, je demande à paraî- » tre à la tête de l'armée, sans armes, sans bou- » clier, et sans autre défense que celle du nom de » Jésus-Christ et du signe de la croix. Je me préci- » piterai au milieu des escadrons les plus épais de

» l'armée des ennemis. » La nuit même, les barbares demandèrent la paix. Martin obtint alors facilement sa retraite.

Il se retira auprès de saint Hilaire, qui fut élevé dans la suite sur le siège de Poitiers, en 353 ou 354. Ce grand évêque connut bientôt le mérite extraordinaire de Martin, il voulut, pour l'attacher à son diocèse, l'ordonner diacre; mais le Saint, par humilité, refusa cet honneur; il consentit seulement à se laisser ordonner exorciste. Il avait un grand désir de revoir ses parents qui étaient en Pannonie. Il obtint de saint Hilaire la permission de faire ce voyage, après avoir promis de revenir à Poitiers. Il tomba en passant les Alpes, entre les mains d'une troupe de voleurs. Un d'entre eux levait déjà son sabre pour le tuer, mais un de ses compagnons lui retint le bras. Ils furent tous remplis d'admiration pour la modestie et l'intrépidité de Martin Ils lui demandèrent qui il était, et s'il n'avait pas été saisi de frayeur; le Saint leur répondit qu'il était chrétien; qu'il n'avait jamais été plus tranquille que dans cette circonstance; qu'il connaissait la bonté du Dieu qu'il adorait, que ce Dieu protégeait ses serviteurs à la vie et à la mort, et que cette protection éclatait surtout dans les grands dangers. Il ajouta que pour eux ils avaient tout à craindre, puisque la vie criminelle qu'ils menaient, les rendait indignes de la miséricorde de Jésus-Christ. Ce discours ne fit qu'augmenter l'admiration des voleurs. Celui qui avait voulu tuer le Saint le suivit, embrassa la religion chrétienne, se fit moine, et raconta, depuis, le fait qui avait donné lieu à sa conversion. Martin continua sa route par Milan. Il convertit sa mère et plusieurs autres personnes de Pannonie ; mais il ne put déterminer son père à sortir des ténèbres de l'infidélité.

Etant en Illyrie, il combattit les ariens avec beaucoup de zèle. Ces hérétiques, qui n'étaient point accoutumés à trouver de contradicteurs, le maltraitèrent publiquement, et le chassèrent du pays. Lorsqu'il fut en Italie, il apprit que les mêmes hérétiques opprimaient l'Eglise des Gaules, et qu'ils étaient venus à bout de faire exiler saint Hilaire. Il se choisit une retraite auprès de Milan, et y pratiqua tous les exercices de la vie monastique. Auxence, arien furieux, qui avait usurpé le siège de cette ville, fut alarmé du zèle que Martin faisait paraître pour la doctrine du concile de Nicée ; il l'obligea de sortir du diocèse de Milan. Un vertueux prêtre, avec lequel le Saint avait fait connaissance, voulut l'accompagner. Ils allèrent se cacher l'un et l'autre dans une petite île appelée Galinaire, sur la côte de Ligurie ou de Gênes, près d'Albenga. Il y vécurent dans une grande abstinence, ne se nourrissant que de racines et d'herbes sauvages. Il arriva une fois à Martin de manger une quantité considérable d'ellébore, plante qu'il ne connaissait point, et qu'il ne savait pas être un véritable poison. Il en fut incommodé au point qu'il pensa mourir. Il mit sa confiance en Dieu, et ses prières lui méritèrent une prompte et entière guérison.

Ayant appris, en 360, que saint Hilaire retournait dans son diocèse, il se rendit à Rome dans l'espérance de l'y voir; mais le saint évêque était parti de cette ville quand il y arriva, il se mit sur-le-champ en route, et le joignit. Saint Hilaire le reçut avec les plus vives démonstrations d'amitié, et le mena à Poitiers avec lui. Comme il connaissait son attrait pour la solitude, il lui donna un petit terrain appelé Locociagum, aujourd'hui Ligugé, à deux lieues de la ville. Martin y bâtit un monastère qui subsistait encore dans le huitième siècle. Il paraît que c'est le premier monastère qui ait été construit dans les Gaules (1). Parmi ceux qui y furent reçus, était un catéchumène, sur lequel notre saint commença d'exercer le pouvoir qu'il avait d'opérer des miracles.

Martin était absent depuis trois jours, pour des affaires qui concernaient la gloire de Dieu. Pendant cet intervalle, le catéchumene fut pris d'une fièvre violente, et mourut subitement, sans avoir reçu le baptême. Martin, en arrivant, trouve ses moines dans une grande affliction, et prêts à enterrer le mort. Il fond en larmes, et fixe les yeux sur le cadavre; puis, sentant une inspiration divine, il fait

(1) Le monastère fondé par saint Martin à Ligugé est aujourd'hui habité par les PP. Bénédictins de Solesmes heureux de posséder ce berceau de la vie monastique dans les Gaules.

sortir tout le monde de la cellule : alors, comme un autre Elisée, il s'étend sur le mort, et prie quelque temps avec beaucoup de ferveur; il s'aperçoit que sa prière est exaucée; il se relève et reste auprès du mort qui commence à remuer ses membres, et ouvre enfin les yeux. On le baptise aussitôt, et il vécut plusieurs années depuis. Ce catéchumène ressuscité raconta que son âme, séparée de son corps, avait comparu devant le tribunal du souverain Juge, et avait été condamnée à une affreuse prison; mais que deux anges ayant représenté que Martin priait pour elle, le juge avait ordonné qu'elle allât ranimer le même corps. Le saint rendit aussi la vie de cette manière à l'esclave d'un homme riche du voisinage qui s'était pendu.

Ces deux miracles ajoutèrent un nouvel éclat à la réputation de sainteté dont Martin jouissait. La ville de Tours voulut l'avoir pour pasteur. Saint Gatien, venu de Rome avec saint Denis de Paris, en 250, en avait été le premier apôtre et le premier évêque. Il gouverna cette église pendant cinquante ans, selon saint Grégoire de Tours. Saint Lidoire lui succéda, mais après une vacance de plusieurs années. Ce saint évêque étant mort, il fut résolu de donner son siège à Martin. On l'élut vers l'an 371 ou 375, suivant Jerôme de Prato. Il fallut avoir recours à un pieux stratagème, pour le tirer de son monastère. S'étant présenté à la porte, afin de donner sa bénédiction à un malade, on se saisit de lui et on le conduisit à Tours sous bonne garde. Quelques évêques du voisinage, qui avaient été appelés pour assister à l'élection, avaient tâché d'exclure Martin, en disant qu'il ne convenait pas de conférer la dignité épiscopale à un homme dont l'extérieur était si commun et si négligé; mais un pareil discours ne servit qu'à les couvrir de confusion. La simplicité qu'ils blâmaient dans le serviteur de Dieu faisait son éloge. Martin fut installé dans la chaire épiscopale, à la grande satisfaction du peuple et du clergé. Le nouvel évêque ne changea rien dans sa manière de vivre; il se logea dans une petite cellule près de l'église; mais comme il y était souvent interrompu par les visites qu'il recevait, il se retira dans un monastère qu'il fit bâtir dans le voisinage de la ville. C'est la célèbre abbaye de Marmoutiers, la plus ancienne qu'il y ait eue en France, et qui appartenait à la congrégation de Saint-Maur. Le lieu où ce monastère fut bâti était alors un désert situé entre un rocher et la Loire; et l'on ne pouvait y arriver que par un chemin fort étroit. Martin habitait dans une cellule faite de bois, quelques autres moines en avaient de semblables, mais la plupart avaient pour demeures des trous creusés dans le roc. On voit encore une de ces espèces de cellules où l'on dit que saint Martin logea quelque temps. (1)

(1) Marmoutiers, autrefois si célèbre, est maintenant rendu à une destination religieuse : il appartient aux dames du Sacré-Cœur qui viennent de rétablir la grotte témoin des veilles et des prières du grand évêque de Tours,

On compta bientôt dans le monastère jusqu'à quatre-vingts religieux. Personne n'y possédait rien en propre. Il était défendu de rien vendre ou acheter, quoique les anciens moines eussent la liberté de tirer de leur travail de quoi pourvoir à leur subsistance. On employait les plus jeunes à copier des livres; les plus âgés ne s'occupaient que de la prière et des exercices spirituels. Tous ne sortaient de leurs cellules, que pour aller à l'oratoire, où l'on s'assemblait pour la prière publique. Ils mangeaient ensemble une fois le jour sur le soir. L'usage du vin était seulement permis aux malades. Leurs vêtements étaient grossiers, et faits ordinairement de poil de chameau. Il y avait cependant parmi eux plusieurs personnes de qualité qui avaient été élevées avec délicatesse. On tira un grand nombre d'évêques de ce monastère, parce que les villes désiraient avoir des pasteurs formés par saint Marin.

Malgré l'amour que le Saint avait pour la retraite, il n'en était pas moins exact à visiter son diocèse. Auprès de son monastère étaient une chapelle et un autel qu'on avait érigés sur la tombe d'un prétendu martyr. La dévotion attirait un grand concours de peuple en ce lieu; mais saint Martin ne voulut point y aller prier qu'il n'eût constaté la vérité des reliques qu'on y vénérait. Les informations qu'il fit auprès des anciens de son clergé, augmentèrent encore ses doutes. Il se rendit au lieu dont il s'agit, avec quelques-uns de ses religieux. Étant sur le tombeau, il pria Dieu de lui faire connaître qui avait été enterré en cet endroit ; puis se tournant à gauche, il vit un spectre hideux, auquel il commanda de parler. Le spectre dit son nom, et le saint évêque comprit que c'était un voleur supplicié pour ses crimes, que le peuple honorait comme martyr. Il fut le seul qui vit le spectre ; les autres entendirent seulement sa voix. Il fit démolir l'autel et par là mit fin à la superstition.

Il était réservé à saint Martin d'achever de détruire l'idolâtrie dans le diocèse de Tours et dans les autres parties des Gaules. Peu de temps après qu'il eut été élu évêque, il fut obligé d'aller à la cour de Valentinien Ier. Il est probable que ce voyage eut pour motif quelques affaires qui regardaient les temples des païens. Valentinien faisait sa résidence la plus ordinaire dans les Gaules. C'était un prince plein de bravoure, mais peu maître de ses passions : on l'accuse surtout d'orgueil et de dureté. Quoiqu'il eût montré du zèle pour le christianisme, sous le règne de Julien l'Apostat, il parut depuis en certaines occasions trop favorable à l'idolâtrie ; on eut même lieu de croire qu'il était trop indifférent en matière de religion, et on cite en preuve le trait suivant, entre plusieurs autres. L'Église n'admettait les comédiens au baptême, que quand ils avaient quitté cette profession. Les païens craignaient que ceux-ci n'embrassassent le christianisme, parce qu'ils se voyaient enlever par là des

personnes qui contribuaient aux divertissements
publics. Valentinien, pour entrer dans leurs vues,
porta une loi qui ordonnait d'avertir les magistrats,
lorsqu'un comédien demanderait le baptême en maladie afin qu'ils le fissent visiter; et ceux-ci étaient
autorisés à empêcher qu'on ne le baptisât, à moins
que sa vie ne fût véritablement en danger.

L'empereur, informé que Martin venait solliciter
en faveur de la religion chrétienne quelque chose
qu'il était résolu de ne point accorder, défendit de
le laisser entrer dans son palais. L'impératrice Jus-
tine, vendue au parti des ariens, mit tout en œuvre,
de son côté, pour prévenir le prince contre le saint
évêque. Ainsi les tentatives que fit Martin deux ou
trois fois, dans la vue d'obtenir une audience, n'eurent aucun succès. Il eut recours à ses armes ordi-
naires; il s'adressa au ciel, joignant à la prière des
mortifications rigoureuses. Le septième jour, un
ange lui ordonna d'aller au palais sans rien craindre.
Il obéit; les portes étant ouvertes, il entra sans
éprouver de résistance et parvint jusqu'à l'empereur.
Le prince, furieux de ce qu'on lui avait permis d'entrer, ne daigna pas se lever; mais il se leva bientôt
malgré lui, parce que le feu prit a son siège. Per-
suadé que le pouvoir céleste était intervenu en cette
occasion, il embrassa le Saint à diverses reprises,
et lui accorda tout ce qu'il demandait, lui laissant
à peine le temps d'expliquer l'objet de sa requête. Il
lui donna plusieurs audiences, et l'admit souvent à

sa table. Il lui offrit de riches présents, lorsqu'il partit pour retourner dans son diocèse; mais le Saint refusa avec modestie, pour ne point aller contre cet amour de la pauvreté dont il faisait profession. Ceci doit être arrivé avant l'année 375, dans laquelle l'empereur mourut.

Martin renversa les temples des idoles, et fit abattre plusieurs arbres que les païens regardaient comme sacrés. Après avoir démoli un de ces temples, qui était fort ancien, il se proposa de faire couper un pin qui était devant. Les prêtres et d'autres païens s'y opposèrent; ils y consentirent cependant à la fin, mais à condition qu'ils abattraient l'arbre eux-mêmes, et que Martin, qui avait tant de confiance au Dieu qu'il prêchait, resterait dessous, à l'endroit où ils le placeraient. Le saint évêque, qu'une inspiration divine conduisait dans ces évènements extraordinaires, accepta la condition, se laissa lier et mettre du côté que l'arbre penchait; mais lorsque le pin tombant semblait devoir l'écraser, il fit le signe de la croix, et l'arbre tomba du côté opposé. Les spectateurs, frappés du prodige, demandèrent tous à être admis au nombre des catéchumènes par l'imposition des mains. Une autre fois, comme il allait détruire un temple dans le pays des Ædui, aujourd'hui le territoire d'Autun, les païens se jetèrent sur lui avec fureur, et l'un d'entre eux leva son sabre pour le tuer. Martin ôte son manteau, et présente son cou à ce malheureux. Le païen miraculeusement effrayé tombe à ses pieds et lui demande pardon. Son zèle l'exposa, dans plusieurs autres occasions, au danger de perdre la vie. Il bâtit des églises ou des monastères à la place des temples qu'il avait détruits, et continua d'opérer des miracles.

Etant à Trèves, il guérit une fille paralytique qui était près de mourir, en faisant tomber dans sa bouche quelques gouttes d'une huile qu'il avait bénite. Il délivra aussi du démon un esclave appartenant à Tétradius, qui avait été proconsul. En revenant de Trèves, il passa par Paris; il guérit un lépreux à la porte de cette ville en l'embrassant et en lui donnant sa bénédiction (1). Il suffisait pour rendre la santé aux malades de leur faire toucher les fils des vêtements du saint évêque de Tours.

Lorsqu'il allait à Chartres, il passa par un village dont les habitants étaient idolâtres. Ils accoururent tous cependant pour le voir. Le saint évêque, touché d'une tendre compassion pour ce pauvre peuple, leva les yeux au ciel et pria Dieu de l'éclairer. Il leur parla ensuite des vérités du salut avec tant de force et d'onction, qu'on vit clairement que c'était le Saint-Esprit qui parlait en lui. Une femme qui venait de perdre son fils unique, le lui apporta, en le suppliant d'obtenir du Dieu dont il était l'ami, qu'il fût rendu à la vie. Martin voyant qu'un miracle opéré en cette circonstance pourrait avoir des suites

(1) Le lieu où a été opéré ce miracle se nomme encore Porte-St-Martin, à Paris.

heureuses pour la conversion de ces bonnes gens, fit sa prière, ressuscita l'enfant en présence de tout le peuple, et le rendit à sa mère, qui fut tout à la fois remplie d'étonnement et de joie. Les habitants du village, s'écrient qu'ils adorent le Dieu de Martin; ils se prosternent à ses pieds; ils le prient de les instruire et de les préparer à la réception du baptême. Le Saint eut plus de joie de la conversion de ces âmes, qu'il n'en aurait eu de tout avantage temporel.

Paulin de Nole, si connu par son éminente sainteté, fut attaqué d'un mal d'yeux très-violent, et une cataracte commençait à se former. Martin le toucha avec un pinceau, et la maladie disparut sur le champ. Il est probable que ce fait arriva à Vienne où saint Paulin vit saint Martin avec saint Victrice, comme nous l'apprenons de sa lettre à ce dernier. On trouve dans saint Sulpice Sévère l'histoire de plusieurs autres miracles opérés par notre Saint. Lorsqu'il chassait les démons, ce n'était point par des menaces et des commandements, comme les autres exorcistes; il prenait un rude cilice, il se couvrait de cendres; puis, se prosternant par terre, il priait avec ferveur, et les démons étaient forcés de se retirer. Il eut aussi, suivant Sulpice Sévère, le don de prophétie, et fut favorisé d'un grand nombre de visions et de révélations. Sa prudence extraordinaire, qui éclatait surtout dans le discernement des esprits, était le fruit de son humilité profonde, de

la parfaite pureté de son cœur, de son amour
pour la prière et la contemplation : de là cette facilité avec laquelle il découvrait les illusions et les
pièges de l'esprit de ténèbres.

Un jour qu'il priait dans sa cellule, le démon se
fit voir à lui environné de lumière, revêtu d'habits
éclatants, une couronne d'or et de pierres précieuses
sur la tête, enfin avec un extérieur tout propre à
tromper quiconque n'aurait pas été sur ses gardes;
il lui dit deux fois qu'il était Jésus-Christ ; mais
comme l'humilité est un moyen efficace pour découvrir les artifices du malin esprit, qui n'est qu'orgueil, Martin ne tarda pas à être assuré que c'était
l'ange de ténèbres qui lui apparaissait; il lui adressa
ces paroles : « Le Seigneur Jésus n'a point dit qu'il
dût venir couvert de pourpre, ni couronné d'un
diadème. Je ne regarderai donc jamais comme Jésus-
Christ, celui qui ne me présentera point les symbo-
les du Sauveur souffrant, et qui ne portera point
sur son corps les marques de la croix. » A ces mots,
le démon disparut, et laissa la cellule remplie d'une
odeur insupportable.

Tandis que saint Martin était occupé de la propagation du royaume de Jésus-Christ, l'empire d'Occident fut agité par d'horribles secousses. Les légions
romaines proclamèrent Maxime empereur de la
Grande-Bretagne, en 383. Maxime passa dans les
Gaules, se fit reconnaître par l'armée, et établit à
Trèves le siège de son empire. Il défit, près de Paris,

Gratien, qui fut trahi par ses propres soldats, et assassiné à Lyon par Andragathius, le 25 août de l'année 385. Dans le même temps, les priscillianistes troublaient les Eglises d'Espagne et des Gaules. Ces hérétiques renouvelaient diverses erreurs de Simon le Magicien, des gnostiques et des manichéens. Ils ne se faisaient point scrupule de la dissimulation et du mensonge, et leur maxime favorite était qu'on pouvait jurer et même se parjurer, pourvu qu'on ne trahit point le secret du parti. Ithace, évêque espagnol, le plus ardent de leurs accusateurs, alla trouver Maxime à Trèves. Il y fut joint par Idace, son collègue. Le nouvel empereur les reçut favorablement, et fit venir d'Espagne les hérétiques, pour les confronter avec leurs accusateurs.

Saint Martin se trouvait aussi pour lors à Trèves. Il y venait demander la grâce de plusieurs personnes, que leur attachement à Gratien avait fait condamner à mort. Parmi ceux qui étaient à la cour, le plus grand nombre cherchait à capter la bienveillance du prince par les manèges de l'adulation. Mais le saint évêque de Tours sut maintenir l'autorité que lui donnait son caractère; il imita la fermeté de saint Ambroise, qui était venu en ambassade à Trèves, de la part de Valentinien II, frère de Gratien, lequel possédait toujours l'Italie. Quoique Martin fût sujet de Maxime, ce que n'était pas saint Ambroise, il montra une grande répugnance à communiquer avec ce prince; il refusa même longtemps de manger à sa table, en disant avec une sainte hardiesse qu'il ne pouvait manger avec un homme qui avait dépouillé un empereur de ses états et qui en avait privé un autre de la vie. Maxime protesta qu'il y avait été forcé par l'armée; que ses incroyables succès paraissaient manifester la volonté de Dieu, et que de tous ses ennemis aucun n'avait perdu la vie, à moins qu'il n'eût été tué en combattant. Le Saint se rendit à la fin. Maxime en fut si satisfait, qu'il regarda ce jour comme un jour de fête. Il fit inviter en même temps les personnes les plus considérables de sa cour, entre autres son frère et son oncle, qui étaient comtes tous deux, et le préfet du prétoire. Martin fut placé à coté de l'empereur, et le prêtre qui l'accompagnait, entre les deux comtes. Au milieu du repas, un officier, selon l'usage, présenta la coupe à l'empereur. Maxime ordonna de la présenter à Martin, de la main duquel il comptait la recevoir; mais l'évêque ayant bu, la donna à son prêtre, comme à la personne la plus digne de l'assemblée. Cette action fut extrêmement applaudie de l'empereur et de toute sa cour.

L'impératrice, qui était toujours restée assise aux pieds du Saint, pour écouter ses discours, voulut aussi le faire manger à sa table, et elle invita l'empereur à ce repas Martin y consentit après beaucoup de résistance; car quoiqu'il eût plus de soixante-dix ans, il ne conversait jamais avec les femmes, à moins que la nécessité ou la charité ne l'y obligeât : mais il crut devoir en cette circonstance s'écarter de la règle générale; il avait d'ailleurs des grâces à demander, comme la délivrance de plusieurs prisonniers, le rappel d'un grand nombre d'exilés, et la restitution des biens qu'on avait injustement confisqués. L'impératrice voulut elle-même servir Martin à table.

Cependant saint Martin et saint Ambroise ne voulaient point communiquer avec Ithace ni avec les évêques qui leur étaient attachés, parce qu'ils poursuivaient criminellement les hérétiques. Ils savaient que l'Eglise avait eu toujours en horreur l'effusion du sang, de ceux même qui ne méritaient pas de vivre, et qu'elle n'avait jamais souffert que le clergé prit part à de semblables procédures. Aussi Martin reprocha-t-il continuellement à Ithace la conduite qu'il tenait, et le pressa-t-il de se désister de son accusation. Il pria également Maxime de laisser la vie aux coupables, alléguant pour raison qu'il suffisait qu'ils eussent été déclarés hérétiques et excommuniés par les évêques, et que d'ailleurs il n'y avait point d'exemple qu'une cause purement ecclésiastique eût été portée devant un juge séculier. Ithace, loin d'écouter les avis de l'évêque de Tours, l'accusa d'hérésie. C'était ainsi qu'il en usait à l'égard de ceux dont la vie lui paraissait trop austère. Pour Maxime, il fit attention aux remontrances de saint Martin; on n'entama point l'affaire des priscillianistes, tant que le saint évêque fut à Trèves: l'empereur promit même que les personnes accusées ne seraient point condamnées à mort.

Mais à peine Martin était-il parti de Trèves, que Maxime changea de sentiment. Il confia l'affaire des priscillianistes à Evode, qu'il avait fait préfet du prétoire. Priscillien fut convaincu, par son propre aveu, de plusieurs crimes. Non-seulement Ithace fut son accusateur, mais il assista encore à la question qu'on lui fit subir. Il se retira cependant ensuite, et ne voulut point être présent lorsque la sentence de mort fut prononcée. Evode mit toute la procédure sous les yeux de Maxime, qui jugea Priscilien et ses complices dignes du dernier supplice; après quoi il prononça la sentence. Priscillien, Félicissime et Arminius, ses deux clercs, un laïque nommé Latrocinius, et Euchrocie eurent la tête tranchée. Instance, qui avait été condamné par le concile de Bordeaux, fut exilé dans les îles de Silyne, au-delà de la Grande-Bretagne. Peu après on condamna à mort les diacres Asarinus et Aurélius : Tibérien fut aussi envoyé dans les îles de Silyne, après que ses biens eurent été confisqués. On punit plusieurs autres personnes pour leur attachement à la même cause.

Ithace et les évêques de son parti éprouvèrent la protection de l'empereur, en sorte que plusieurs de ceux qui désapprouvaient leur conduite n'osaient les condamner. Il n'y eut qu'un évêque nommé Théognoste, qui se déclara publiquement contre les ithaciens : ceux-ci engagèrent l'empereur à envoyer des tribuns en Espagne pour rechercher des hérétiques, avec ordre de priver de la vie et de leurs biens ceux qu'ils découvriraient. On croit que plusieurs innocents furent enveloppés dans cette proscription. Il suffisait en effet d'avoir l'air pâle ou un extérieur négligé, pour être soupçonné d'hérésie par les ithaciens.

Lorsque l'ordre dont nous parlons eut été xpédié, on apprit que Martin revenait à Trèves, et qu'il était sur le point d'arriver. L'utilité de l'Eglise et la charité l'obligèrent d'y faire plusieurs voyages. Cette circonstance causa de vives alarmes aux ithaciens. Voyant que l'evêque de Tours ne voulait point communiquer avec eux, ils dirent à l'empereur que si l'autorité de Martin, venait à l'appui de Théognoste, c'en était fait de leur réputation. Maxime représenta au Saint avec douceur que si les hérétiques avaient été condamnés par des juges séculiers, c'était pour leurs crimes. Comme Martin paraissait peu touché de ses représentations, et qu'il insistait sur ce que les évêques avaient provoqué la procédure, le prince se retira fort en colère, et ordonna de mettre à mort ceux dont le Saint venait demander la grâce. L'évêque intercédait surtout en faveur du comte Narsès et du gouverneur Leucadius, qui n'avaient d'autre crime que leur attachement au parti de Gratien. Martin voulait encore prévenir l'envoi des tribuns en Espagne, et par là sauver la vie, non-seulement aux hérétiques, mais même à plusieurs catholiques.

En refusant de communiquer avec les ithaciens,

il se proposait d'empêcher les suites du scandale qu'ils avaient donné. D'un autre côté, comme ils n'avaient point été excommuniés, il ne violait aucun canon en communiquant avec eux. Quel parti prendra-t-il dans cette extrémité? Il va trouver l'empereur, auquel il promet de communiquer avec les ithaciens, pourvu que les personnes condamnées aient la vie sauve, et que les tribuns envoyés en Espagne soient rappelés. Le lendemain, les ithaciens devaient sacrer Félix, nouvellement élu évêque de Trèves. Martin communiqua avec eux en cette occasion. Le jour suivant, il partit de Trèves, mais en se reprochant la condescendance qu'il avait eue. Etant environ à deux lieues de la ville, il se mit en prière dans un bois près d'Andethanna, aujourd'hui Echternach. Un ange vint le consoler, en lui disant qu'il avait raison de s'affliger de sa condescendance; mais que la charité qui l'avait fait agir le rendait excusable. Sulpice Sévère ajoute que le Saint disait à ses disciples, les larmes aux yeux, que depuis ce temps-là il éprouvait plus de difficultés, et était obligé de faire de plus longues prières qu'auparavant pour chasser les démons. C'est ainsi qu'une faiblesse occasionne souvent la soustraction des grâces sensibles, jusqu'à ce qu'elle ait été réparée par la componction et l'humilité : souvent aussi ces soustractions ne sont que des épreuves dans les desseins de Dieu.

Saint Martin, arrivé à Tours, fut reçu par son

peuple comme un ange tutélaire. Quoique avancé en âge, il ne diminua rien de ses austérités ni de ses travaux apostoliques. Il continua jusqu'à la fin de sa vie de confirmer par des miracles la doctrine qu'il prêchait. Nous apprenons toutes ces particularités de Sulpice Sévère. Ce grand homme, en renonçant au monde, choisit d'abord pour le lieu de sa retraite, une petite maison qu'il avait dans un village appelé Primuliac, et depuis Mont-Primlau, sur les frontières de l'Aquitaine ou du Languedoc. Il alla visiter Martin pour le consulter sur les affaires de sa conscience. A son arrivée, le Saint lui donna à laver, ainsi qu'à ceux qui l'accompagnaient ; il leur fit servir un repas frugal, et il les entretint de matières spirituelles. Ses discours avaient pour objet de leur inspirer du mépris pour les plaisirs des sens, pour les vanités du monde, et pour tout ce qui pouvait les empêcher de se donner entièrement à Jésus-Christ. Le soir, il leur lava les pieds de ses propres mains.

Sulpice Sévère observe que, quoique saint Martin ne fût pas versé dans les lettres humaines, ses discours étaient clairs, méthodiques, pleins de force, d'énergie et d'onction ; qu'il avait un talent particulier pour résoudre les questions les plus difficiles ; une grande présence d'esprit pour répondre aux questions qu'on lui proposait sur les voies de la vie intérieure, et qu'il donnait toujours de sages conseils ; que personne ne réfutait l'erreur et n'exposait la vérité d'une manière plus solide et plus persuasive ;

qu'on remarquait dans tous ses discours un grand fonds de bon sens, de connaissances, de pénétration; qu'il s'exprimait toujours avec une grande pureté de langage, et qu'il mêlait à tout cela un ton de gravité, de modestie et d'humilité qu'on ne pourrait représenter; mais ses exhortations à la vertu tiraient de ses exemples et de ses miracles une nouvelle force, à laquelle personne ne résistait. Jamais on ne le vit en colère ni troublé par la moindre passion; il conservait la même égalité d'âme dans tous les évènements. Toujours Jésus-Christ était dans sa bouche et dans son cœur. On ne se lassait point d'admirer son humilité, sa douceur, sa piété, sa compassion pour tous les hommes. Il ne voulait point juger le prochain, et, autant qu'il lui était possible, il interprétait les actions d'autrui en bonne part. Lorsque ses ennemis cherchaient à lui nuire et le persécutaient, il se contentait de pleurer sur leurs péchés et ne se vengeait d'eux que par des bienfaits. Il ne perdait aucun instant de la journée, et souvent il passait les nuits à travailler ou à prier. Il couchait sur un cilice étendu par terre, et ne prenait de repos qu'autant que la nécessité l'y forçait. Au milieu de ses occupations extérieures, son cœur n'éprouvait aucune dissipation, et il s'était accoutumé à ne jamais perdre de vue la présence de Dieu. Tout ce qu'il rencontrait lui fournissait l'occasion de se sanctifier, ou de donner aux autres des leçons de vertu. Voyant un jour une brebis nouvellement tondue, il dit agréablement à ceux qui étaient avec lui : « Cette brebis a rempli le précepte de l'évangile; » elle avait deux habits, elle en a donné un à celui » qui n'en avait point; faisons de même. » A la vue d'un homme couvert de haillons qui gardait des pourceaux, il s'écria : « Voilà Adam, chassé du pa- » radis; dépouillons-nous du vieil Adam, pour » nous revêtir du nouveau. » Une autre fois il ar- riva sur le bord d'une rivière, où des oiseaux cher- chaient à prendre du poisson : « Vous voyez, dit-il, » l'image des ennemis de notre salut : ils sont en » ambuscade pour prendre nos âmes et en faire leur » proie. » Il ordonna aux oiseaux de se retirer, ce qu'ils firent à l'instant. Il inspirait à ses disciples les sentiments dont il était pénétré, afin que Jésus-Christ vînt dans leurs âmes, et que, les trouvant dignes de lui, il y fît sa demeure. C'était par la prati-que des vertus que nous venons de rapporter, et sur-tout par son admirable pureté de cœur, que Martin avait acquis cette vraie science et cette éloquence toute céleste qui le rendaient si redoutable au prince des ténèbres.

Le saint évêque avait plus de quatre-vingts et peut-être même quatre vingt-dix ans, lorsqu'il plut à Dieu de le récompenser de ses travaux. Il avait prédit sa mort longtemps avant qu'elle arrivât. Une division qui s'était élevée parmi le clergé de la pa-roisse de Cande, située à l'extrémité de son diocèse, lui fit faire un voyage en ce lieu. Il était accompagné, suivant sa coutume, de plusieurs de ses disciples. Il passa quelque temps à Cande, et y rétablit la paix ; mais comme il se préparait à retourner à Tours, il tomba malade, et perdit tout-à-coup ses forces. Il fit assembler ses disciples, et leur dit que le moment de sa mort était arrivé. Ceux-ci fondant en larmes s'écrièrent tous d'une voix : « Père, » pourquoi nous abandonnez-vous? A qui laisserez- » vous le soin de vos enfants? les loups ravissants » tomberont sur votre troupeau. Nous connaissons » le désir que vous avez d'être avec Jésus-Christ, » mais votre récompense est assurée; pour être » différée, elle sera toujours la même. Soyez tou- » ché de nos besoins, et considérez les dangers au » milieu desquels vous nous abandonnez. » Martin mêla ses larmes aux leurs, et fit cette prière pour eux : « Seigneur, si je suis encore nécessaire à votre » peuple, je ne refuse point le travail. Que votre » volonté soit faite. » C'est comme s'il eût dit, observe Sulpice Sévère, la vieillesse, les fatigues n'ont point abattu mon âme; elle est encore prête, Seigneur, à soutenir de nouveaux combats, si vous l'y appelez ; mais si vous ménagez ma faiblesse, et que vous me réunissiez à vous, soyez le gardien et le protecteur de ces âmes pour lesquelles je ne suis pas sans crainte. Il montrait, par cette prière, qu'il ne savait ce qu'il aimait le mieux ou de quitter la terre pour aller à Jésus-Christ, ou d'y rester pour l'amour de Jésus-Christ. Nous apprenons aussi de là, lorsque nous demandons à Dieu des grâces temporelles, à nous soumettre à sa volonté avec une parfaite résignation et à le prier de diriger toutes choses en nous et par nous pour sa plus grande gloire.

Malgré la fièvre qui le brûlait, saint Martin resta couché sur un cilice couvert de cendres, priant toute la nuit. Ses disciples offrirent de mettre sous lui un peu de paille, mais il le refusa. « Un chrétien, disait-» il, ne doit mourir que sur la cendre. Malheur à » moi, si je vous donnais un autre exemple ! » Il avait toujours les yeux et les mains levés vers le ciel, et sa prière était continuelle. Comme on lui proposait de le tourner de l'autre côté, pour lui procurer quelque soulagement, il dit : « Permettez, » mes frères, que je regarde le ciel plus tôt que la » terre, afin que mon âme se dispose à prendre son » vol vers le Seigneur, auquel elle est sur le point » de se réunir. » Voyant ensuite le démon qui cherchait à l'effrayer, il lui adressa ses paroles : « Qu'attends-tu ici, bête cruelle ? Tu ne trouveras » rien en moi qui t'appartienne ; le sein d'Abraham » est ouvert pour me recevoir. » Après avoir achevé ces paroles, il expira tranquillement le 6 ou le 11 novembre. L'opinion la plus probable est que ce fut en 400. Ceux qui assistèrent à sa mort virent son visage et son corps tout rayonnants de gloire (1).

(1) L'église de Candes qui renferme l'emplacement où Saint Martin a rendu son âme à Dieu, est classée parmi les monuments historiques, et, à ce titre, elle est l'objet d'une restauration remarquable ; depuis deux ans de nombreux pélerins se rendent à Candes,

Les habitants de Poitiers voulaient que la dépouille mortelle du serviteur de Dieu restât en leur possession, mais la ville de Tours l'enleva. Il s'y fit à cette occasion un concours prodigieux de personnes de tout état; il s'y trouva deux mille moines et un grand nombre de vierges. Tous pleuraient le saint évêque, quoiqu'on le crût dans la gloire. Son corps fut porté près du rivage, à six cents pas au-dessous de la ville de Tours, telle qu'elle existait alors On le déposa dans un lieu qui, suivant Alcuin, faisait partie de l'ancien cimetière des chrétiens, où saint Gatien avait d'abord été enterré. Ce lieu, connu encore de nos jours par une chapelle qui existait de temps immémorial, fut appelé LA STATION DE SAINT MARTIN. Mais saint Brice fit transférer d'une manière honorable le corps de son saint prédécesseur dans une basilique à peu de distance de là, et il y éleva son tombeau. Cette basilique fut dédiée d'abord sous l'invocation de saint Etienne, suivant l'usage des premiers siècles, de ne consacrer des temples qu'à la mémoire des martyrs : et la tradition s'en conservait encore par l'inscription qui était au-dessus d'un autel adossé au tombeau de saint Martin.

Mais le nom de ce célèbre thaumaturge ne tarda pas à prévaloir parmi les fidèles, qui venaient de toutes parts le vénérer Bientôt la basilique ne parut plus assez grande pour les contenir, et saint Perpet, sixième évêque de Tours, résolut de jeter les fondements de ce superbe édifice qui a été l'un des plus beaux ornements de la France, et qui a toujours été considéré comme le lieu le plus saint qui fût dans la Gaule. Il le commença la cinquième année de son épiscopat, et le fit élever dans l'endroit même où saint Martin avait été inhumé.

La chapelle de saint Brice y fut renfermée, car il avait cent soixante pieds de long sur soixante de large et en dedans quarante-cinq d'élévation, jusqu'à la voûte du chœur, qui était soutenue par quarante-une colonnes, travaillées avec beaucoup d'art. Le sanctuaire était éclairé par trente-deux grands vitraux, et ses arrière-côtés par vingt autres On en comptait dans le reste de l'édifice cinquante-deux et six-vingts colonnes. On y entrait par huit différentes portes.

Les murailles et les colonnes étaient incrustées de marbre de différéntes couleurs, et ornées dedans et dehors de festons et de couronnes relevées en bosse, faites de porphyre, de cristaux et d'autres pierres qui avaient beaucoup d'éclat.

On y travailla sans interruption pendant plus de sept années, et tous les amis de saint Perpet, qui étaient en grand nombre, la plupart distingués par leur naissance, par leur richesse et leur sainteté, contribuèrent à la dépense et à l'ornement de la maison du Seigneur. Les uns, comme saint Martin de Brugnes, saint Sidoine de Clermont et Paulin de Périgueux, composérent à la louange de saint Martin des vers qui furent gravés en caractères d'or sur les murailles de l'église ; les autres, comme saint Euphrone d'Autun, lui envoyèrent du plus beau marbre blanc pour couvrir son tombeau, et des pierres précieuses pour l'enrichir.

L'édifice achevé, saint Perpet invita à la cérémonie de la dédicace un grand nombre d'évêques, d'abbés et d'illustres personnages. Le corps de saint Martin fut exhumé avec de grandes solennités, et déposé dans le sanctuaire. Saint Perpet enveloppa toutes les reliques dans une étoffe blanche fort précieuse, et les lia avec des bandelettes sur lesquelles il apposa son sceau avec une cédule où étaient écrits ces mots latins : *Hic est corpus beati Martini, episcopi turonensis.* « C'est ici le corps du bienheureux Martin évêque de Tours. »

On ne peut exprimer jusqu'où l'on a porté la dévotion pour saint Martin en France et dans toute l'Europe Aussitôt que Clovis eut reçu les premières lumières de la foi, il vint se prosterner humblement devant le tombeau de saint Martin. Ce fut là qu'il se confirma dans le dessein qu il avait déjà conçu de se faire baptiser, et qu'il reçut les prémices de cet esprit de religion qui depuis s'est répandu sur les rois ses successeurs.

Sainte Clotilde eut tant de vénération pour ce saint lieu, qu'après la mort de Clovis, elle quitta Paris, et vint à Tours pour avoir la consolation de finir ses jours auprès du tombeau de saint Martin. Sainte Radegonde s'y retira aussi pendant quelque temps, et fit bâtir un célèbre monastère près de Marmoutiers. Elle fit présent à saint Martin de ses meubles et de ses joyaux les plus précieux, et s'attacha, comme avait fait sainte Clotilde, avec une humilité sans exemple, à son service.

Nos rois et nos reines ayant toujours regardé saint Martin comme leur principal patron, ont presque tous honoré son tombeau plusieurs fois de leur présence, et ont reconnu dans leurs plus pressants besoins combien son intercession était puissante auprès de Dieu. Anciennement ils ne commençaient point de guerre sans venir auparavant lui demander sa protection et prendre son étendard. C'était un grand voile sur lequel l'image du Saint était peinte, et qui servait à couvrir son tombeau. Ils la faisaient garder avec respect sous une tente dans leur camp par des clercs, avec des reliques des saints dont ils se faisaient souvent accompagner.

Cette église, que le sacerdoce et l'empire avaient embellie à l'envi, commença sous le règne de Charles-le-Chauve à être exposée aux incursions des ennemis. Des peuples du Nord, après avoir ravagé les plus belles provinces de France, vinrent mettre le siège devant Tours. Le peuple de cette ville, voyant sa perte imminente, accourut au tombeau de saint Martin pour implorer son secours. Les chanoines permirent même qu'on emportât le corps et qu'on l'exposât dans l'endroit des fortifications qui était le plus faible et le plus pressé. La châsse n'y eût pas plus tôt paru, que les ennemis, saisis de frayeur, se retirèrent en désordre. Les habitants les poursuivirent jusqu'à plus de trois lieues, et dans l'endroit où ils s'arrêtèrent, on construisit une église en l'honneur du Saint, à laquelle on donna le nom de Saint-Martin-de-la-Guerre, MARTINUS DE BELLO; d'où l'on a fait, par corruption, Saint-Martin-le-Beau.

Quelques années après, ces mêmes peuples étant encore venus menacer la ville de Tours, on résolut de porter la châsse du Saint en lieu de sûreté. Douze chanoines furent chargés de la conduire d'abord à Chablis, et de là à Auxerre, où elle resta près de trente années, et opéra un grand nombre de miracles. Elle fut enfin rapportée dans l'église de Tours, où-on la reçut avec de grandes solennités.

Pendant que le corps de saint Martin était en sûreté à Auxerre, Héric et Barret, capitaines des Normands, vinrent piller son église et y mettre le feu. Cet incendie fut le plus cruel qu'elle eût jamais souffert. Le cloître, toute la ville de Châteauneuf et vingt-huit églises y furent enveloppés. Mais sitôt que la châsse de saint Martin eût été rapportée dans son église, on y fit un si grand nombre de riches présents, qu'ils suffirent pour réparer ses ruines et la rétablir dans sa première splendeur.

Les choses restèrent dans cet état jusqu'à l'année mille, que le saint homme Hervé, qui était trésorier de l'église, la voyant tomber en ruine de vétusté, résolut de la jeter par terre, et en fit construire une autre plus spacieuse qu'il fit couvrir d'étain, et pendant ce temps le corps fut transporté dans l'abbaye de Saint-Venant, qui était dans le cloître. L'édifice étant achevé, plusieurs évêques et plusieurs abbés y furent invités pour en faire la dédicace. Le quatre de juillet, jour auquel la première église bâtie par saint Perpet avait été consacrée, fut choisi pour cette grande cérémonie, et le corps de saint Martin fut rapporté avec pompe dans son tombeau. On avait eu soin de le rétablir de la même manière qu'il avait été construit par saint Perpet, avec cette différence pourtant, que le dôme dont Hervé le fit couvrir n'était que d'argent, au lieu que le premier était d'or.

L'église de Saint-Martin fut encore brûlée et détruite en partie par les bourgeois de Châteauneuf qui s'étaient révoltés contre les chanoines; mais elle fut réparée aussitôt par ceux-là mêmes qui l'avaient ruinée La voûte qui était au-dessus du tombeau de saint Martin, et qui était considérée comme un des plus beaux morceaux d'architecture qui fussent en France, faisait voir qu'ils n'épargnèrent rien pour tâcher de réparer leur faute.

Richard, roi d'Angleterre, s'étant emparé de la Touraine, les chanoines de Saint-Martin furent dispersés en plusieurs lieux; mais la châsse demeura sous l'autel jusqu'au règne de Charles-le-Bel, qui l'y trouva encore lorsqu'il vint à Tours avec les bulles du pape Jean XXII, pour séparer le chef de saint Martin du reste de son corps. Cette cérémonie eut lieu avec de grandes solennités, en présence du roi, de la reine et d'un grand nombre d'évêques; on retrouva le saint corps dans le vase d'albâtre, enveloppé du drap de soie où saint Perpet l'avait placé environ 850 ans auparavant. La tête, ayant été séparée du corps, fut mise dans un magnifique reliquaire d'or, orné de quarante-deux pierres précieuses d'une très grande valeur. Depuis cette époque, le chef de saint Martin était exposé deux fois par an à la dévotion des peuples.

Le corps qui avait été remis dans le tombeau n'en fut retiré qu'en l'année 1453, pour être mis dans une châsse d'or beaucoup plus magnifique que celle où il avait reposé jusqu'alors. Le roi Charles VII fit une partie de la dépense, et le chapitre fournit le reste. Cette châsse fut placée au-dessus du tombeau, sur une estrade d'argent; à côté d'elle on mit le chef d'or du Saint, et autour les châsses d'or et d'argent où étaient renfermés les corps des saints évêques de Tours, Brice, Perpet, Grégoire, Eustoche et Eufrone, avec celles de saint Epain, martyr, et de plusieurs autres saints et saintes. Une lampe d'argent à cinq branches, du poids de trois cents marcs, accompagnée de plus de vingt autres de différentes grandeurs, suspendues autour du tombeau, y brûlaient jour et nuit.

On pourvut à la sûreté de ces riches trésors par une forte grille de fer, qui les enfermait de tous côtés. Elle fut enlevée l'an 1479 par le roi Louis XI, qui en fit poser une autre toute d'argent du poids de six mille sept cent soixante-seize marcs.

Ce même prince avait déjà reçu tant de grâces du ciel par l'entremise de saint Martin, que dès l'année 1465 il avait fait fondre sa figure de grandeur naturelle dans une posture de suppliant, et l'avait fait placer devant son tombeau, comme un monument de son éternelle reconnaissance. Elle était d'argent et pesait avec tous ses ornements cent trente marcs. Elle y demeura jusqu'en l'année 1562, que les huguenots pillèrent l'église.

Pour la grille d'argent, elle n'y resta pas si long-temps, car, quoique François Ier eût fait serment comme ses prédécesseurs, lorsqu'il se fit recevoir abbé et chanoine de l'église de Saint-Martin, d'en être le protecteur, quelques officiers de ses finances lui persuadèrent que, dans les besoins pressants de l'État, il pouvait légitimement se servir du treillis d'argent qui enfermait le tombeau de saint Martin. Ils vinrent donc à Tours au mois de juillet 1522, accompagnés d'une nombreuse troupe de soldats, et enlevèrent la grille d'argent, malgré la résistance des chanoines.

Les huguenots étant devenus très nombreux à Tours, ils s'emparèrent de vive force, en 1561, de l'église de Saint-Martin, la dépouillèrent des innombrables pièces d'or et d'argent dont elle était ornée, et y construisirent des fourneaux pour faire fondre ces précieux métaux. Ils jetèrent même dans la fournaise les reliques du grand Saint; heureusement que l'un des marguilliers, s'étant mêlé à la foule, put soustraire aux sacrilèges une petite portion du crâne et le rayon de l'un des bras de saint Martin, ainsi que quelques ossements de saint Brice et de saint Grégoire de Tours, et le drap de soie dans lequel le corps de saint Martin avait été enveloppé.

Enfin, au bout de quelques mois, l'autorité royale prévalut de nouveau dans la ville; les chanoines, qui en avaient été chassés par les huguenots, purent rentrer, et on célébra la réconciliation de l'église.

Cette antique église, autrefois si vénérée de tout l'univers catholique, a aujourd'hui disparu. Ses voûtes s'écroulèrent en 1797, et quelques années plus tard, elle fut détruite de fond en comble. L'espace qu'elle occupait est maintenant une rue. On n'a conservé de ce monument que deux tours, celle de Charlemagne et celle du Nord. Les reliques du Saint sont déposées dans l'église métropolitaine de Tours.

Cette cathédrale, bâtie par notre Saint, fut dédiée sous l'invocation de saint Maurice. Elle porte le nom de Saint-Gatien depuis 1096. L'évêché de Tours a été suffragant de Rouen, jusqu'à ce qu'il ait été érigé en métropole.

On gardait à Saint-Martin de Marmoutiers, près de Tours, une fiole qui contenait une huile sacrée. Ce fut avec cette huile, et non avec celle de Reims, que l'on sacra Henri IV. Sulpice Sévère rapporte que saint Martin guérit plusieurs fois des maladies avec de l'huile qu'il avait bénite, et que souvent cette huile se multiplia miraculeusement.

La dévotion des fidèles, pour saint Martin, fut considérablement augmentée par les miracles qui s'opérèrent à sa châsse, ou par son intercession, immédiatement après sa mort. On trouve le récit de quelques-uns de ces miracles dans saint Grégoire de Tours, dans Fortunat, etc.

On a dit que saint Martin avait été le premier saint qu'on eût honoré publiquement dans l'Eglise comme confesseur ; mais il n'y a point de preuve solide de ce fait. Sans parler de sainte Pétronille, de sainte Praxéde, de sainte Pudentienne, il est certain que saint Jean l'évangéliste, sainte Thècle, et plusieurs autres saints, n'ont point été proprement martyrs.

Une humilité profonde, une douceur inaltérable, le renoncement à soi même, le mépris des choses créées et l'amour des choses célestes, une union constante avec Dieu, par l'exercice de la prière et de la méditation des vérités de l'Evangile, une résignation absolue à la volonté divine, voilà le fondement sur lequel portait la vertu de saint Martin, qui fut le miracle du monde.

De telles dispositions ne pouvaient qu'être accompagnées d'un amour ardent pour le prochain, et d'un zèle brûlant pour la gloire du nom de Jésus-Christ. Quel que soit notre état, nous devons pratiquer les mêmes vertus, autant que notre faiblesse nous le permet, afin de nous revêtir de l'esprit du Sauveur, et de former en nous la ressemblance avec ce divin modèle; autrement il ne nous reconnaîtra point au dernier jour, et ne nous admettra point dans la société de ses élus.

LE TOMBEAU DE SAINT MARTIN
EN 1861.

Et erit sepulchrum ejus gloriosum (Is.)

Au moment où nous achevons d'imprimer la vie abrégée du grand Thaumaturge dont le poète saint Fortunat a pu dire : *Et quò Christus habet nomen Martinus honorem*, *Partout où Jésus-Christ est adoré, Martin est honoré,* nous apprenons qu'à Tours on vient de découvrir son tombeau.

Tout le monde sait que ce pélerinage au tombeau de saint Martin était un des quatre grands pèlerinages de la chrétienté. Pendant quatorze siècles, les Papes et les Souverains visitèrent ce saint lieu. illustré par une multitude de miracles et considéré comme l'asile le plus sûr de la France.

A cette époque où le zèle pour les pèlerinages renaît partout, il était regrettable de voir le tombeau de St

Martin rester dans l'oubli où l'avait jeté la révolution. Des hommes de foi, encouragés par Mgr l'Archevêque de Tours, ont d'abord reconquis l'emplacement que devait occuper le tombeau et, le quatorze décembre 1860, après des recherches habilement dirigées, ils ont eu le bonheur de découvrir ce précieux trésor enfoui sous des constructions profanes.

En attendant que la générosité des fidèles élève un temple digne de saint Martin, une chapelle provisoire a été appropriée au-dessus du tombeau, dans laquelle les pèlerins viennent prier et assister à la messe. Grâce à Dieu, cette source jadis si féconde et fermée depuis soixante-dix ans, est ouverte aujourd'hui, et tout annonce que saint Martin veut reprendre sa place dans nos cœurs et dans notre patrie.

LITANIES DE SAINT MARTIN.

Seigneur, ayez pitié de nous.
Jésus-Christ, ayez pitié de nous.
Seigneur, ayez pitié de nous.
Jésus-Christ, écoutez-nous.
Jésus-Christ, exaucez-nous.
Dieu le Père, des cieux où vous êtes assis, ayez pitié de nous.
Dieu le Fils, Rédempteur du monde, ayez pitié de nous.
Dieu le Saint-Esprit, ayez pitié de nous.
Trinité Sainte qui êtes un seul Dieu, ayez pitié de nous.
Sainte Marie, mère de Dieu, priez pour nous.
Saint Martin,   priez pour nous.

Généreux soldat de Jésus-Christ, priez.
Parfait modèle des guerriers, priez.
Vous qui avez su mépriser les biens et les plaisirs du monde, priez.
Vous qui, n'étant encore que catéchumène, vous êtes dépouillé d'une partie de vos vêtements pour en couvrir le pauvre, priez pour nous.
Vous, qui avez si bien prêché par votre exemple l'humilité et la douceur, priez.
Vous, qui fûtes un modèle de sobriété et d'abstinence, priez.
Vous, qui supportiez les injures avec tant de patience, priez.
Vous, qui montrâtes toujours tant de réserve, lorsqu'il s'agissait de juger le prochain, priez.
Vous, qui ne parliez que de Jésus-Christ, qui ne recommandiez rien tant que la paix et la charité, p.
Homme d'oraison, priez.
Vous, dont la charité était si ardente, priez.
Vous, qui soupiriez après le martyre, priez.
Vous, qui étiez si ami de la pauvreté, priez.
Vous, qui étiez le consolateur des affligés, priez.
Vous, qui étiez le défenseur des opprimés. priez.
Homme vraiment apostolique, priez.
Vous, qui avez opéré tant de merveilles, priez.
Vous, à qui des anges apparurent sous une forme sensible, priez.
Gloire du sacerdoce, priez.
Excellent pontife, priez.
Vous, qui fîtes la joie et le bonheur de l'Eglise, pr.
Vous, qui sûtes allier les exercices de la vie solitaire avec les fonctions de l'épiscopat, priez.
Pasteur de la ville de Tours, priez.
Vous, qui fûtes dans les Gaules ce que fut saint Paul dans la Grèce, priez pour nous.
Vous, dont la tête parut surmontée d'un globe de feu pendant que vous offriez le saint sacrifice, priez.

Vous, qui portiez la paix partout où vous alliez,   pr.
Vous, qui avez ressuscité des morts,   priez.
Vous, qui avez renversé tant d'idoles,   priez.
Vous, qui étiez la terreur des démons,   priez.
Défenseur de la foi catholique,   priez.
Confesseur du dogme de la très sainte Trinité, priez.
Vous, à qui la ville de Tours fut plusieurs fois re-
    devable d'avoir été sauvée de la fureur de ses
    ennemis,   priez.
Vous, qui fûtes honoré du don de prophétie, priez.
Vous, à qui les reliques de saint Gatien furent mi-
    raculeusement découvertes,   priez.
Zélé prédicateur de l'évangile,   priez.
Homme puissant en œuvres et en paroles,   priez.
Vous, dont le nom et la sainteté sont connus de
    toute la terre,   priez.
Vous, qui meniez une vie angélique,   priez.
Vous, qui ne vous êtes jamais refusé au travail, pr.
Vous, qui avez montré jusqu'à la mort une entière
    soumission à la sainte volonté de Dieu,   priez.
Vous, qui avez connu longtemps d'avance le terme
    de votre vie.   priez
Vous, en qui l'ennemi du salut ne trouva rien qui
    lui appartînt.   priez.
Vous, qui avez été reçu dans le sein d'Abraham, pr.
Vous, dont le visage, après votre mort, parut tout
    éclatant de lumière,   priez
Vous, dont le tombeau a été illustré par tant de mi-
    racles,   priez
Vous, dont le sépulcre est glorieux,   priez.
Vous, dont la vie et la mort sont admirables, priez.
Vous, dont les funérailles ressemblèrent à une sorte
    de triomphe,   priez.
Vous, qui régnez maintenant avec Notre-Seigneur
    Jésus-Christ,   priez.
Vous, qui êtes la joie de l'Eglise de Jésus-Christ, p.

Vous, qui du ciel vous intéressez particulièrement à
  votre troupeau,   priez.
Agneau de Dieu, qui effacez les péchés du monde,
  pardonnez-nous, Seigneur.
Agneau de Dieu, qui effacez les péchés du monde,
  exaucez-nous, Seigneur.
Agneau de Dieu, qui effacez les péchés du monde,
  ayez pitié de nous, Seigneur.
Christ, écoutez-nous.
Christ, exaucez-nous.

ORAISON.

O Dieu! qui avez été glorifié par la vie et par la
mort de notre glorieux pontife saint Martin, renou-
velez dans nos cœurs les merveilles que vous opérâtes
en lui par votre grâce, afin que ni la mort, ni la vie
ne puissent jamais nous séparer de la charité de Notre-Seigneur Jésus-Christ votre Fils, qui, étant Dieu,
vit et règne avec vous en l'unité du Saint-Esprit,
dans tous les siècles des siècles. Ainsi soit-il.

VIE

DE SAINT MAURICE.

Entre les légions qui composaient les armées romaines au temps des empereurs Dioclétien et Maximien, il y en avait une qui était toute composée de

chrétiens, appelée Thébaine, pour avoir peut-être été levée dans la Thébaïde, lorsqu'on avait commencé à en former le corps. On la trouve qualifiée encore du titre d'heureuse par quelques anciens, et, sur divers exemples de semblables dénominations, on peut croire qu'elle l'avait porté dans le monde avant même qu'elle l'eût mérité par le triomphe de son martyre. Cette légion avait son quartier dans l'Orient, c'est-à-dire en Syrie ou en Cilicie. Ses principaux officiers étaient Maurice, Exupère et Candide. Maurice en était le premier capitaine, et tenait la place de tribun ou colonel; Candide y avait un office de sénateur de l'armée, c'est-à-dire peut-être prévôt, juge ou intendant de la légion. Ces officiers n'y paraissaient pas moins les chefs par l'ardeur de leur foi, que par l'autorité de leurs charges. Les soldats de la légion répondaient parfaitement à leur zèle; on ne voyait point parmi eux de plus grande émulation que celle de la vertu et de la piété chrétienne. Ils faisaient éclater leur fidélité et leur courage dans ce qu'ils devaient, tant à Dieu et à leur religion qu'aux princes qu'ils servaient et à l'état, et savaient allier heureusement les exercices des armes avec la pratique de l'Evangile.

Il y avait près de deux ans que Dioclétien était empereur, lorsqu'en 286, voulant remédier aux troubles des Gaules excités par le soulèvement des Bagaudes, peuples de la campagne qui avaient pour chefs de leur révolte Amand et Elien, il voulut se donner un collègue avec lequel il pût partager le fardeau de l'empire. Il choisit Maximien-Hercule, se l'associa, et se déchargea sur lui de la guerre qu'il fallait faire dans les Gaules contre les rebelles et les barbares. L'armée que Maximien devait conduire ne se trouvait pas assez forte, c'est ce qui porta Dioclétien à faire venir d'Orient la légion Thébaine, qui pouvait être de plus de six mille soldats sans ses officiers, s'il est vrai, comme le témoigne saint Eucher, que les légions fussent encore en ce temps-là composées de 6600 hommes. Mais il semble qu'il ait eu plus d'égard à ce qui devait être suivant les anciennes institutions de la milice romaine, qu'à ce qui était actuellement en un siècle où les légions étaient fort diminuées. La légion Thébaine étant arrivée en Italie, eut ordre de suivre Maximien dans les Gaules. Il paraît qu'on en détacha quelques compagnies pour les faire avancer jusqu'aux quartiers de Trèves et de Cologne. Le reste de la légion, conduit par saint Maurice, accompagna le nouvel empereur Maximien, et passa les Alpes par le Milanais. Maximien, fatigué de la marche, s'arrêta à Octodure, ville des Veragres, que l'on croit être Martinach ou Martigny en Valais. Ayant rassemblé en ce lieu les troupes qui le suivaient, il ordonna des sacrifices auxquels ils voulut que tout le monde assistât, et obligea les soldats à de nouveaux serments qui blessaient la conscience de ceux qui étaient chrétiens, et qui allaient les engager à servir contre leur religion. La légion Thébaine, pour n'avoir point de part à ces sacrilèges, passa à Octodure, et alla camper à trois lieues de là, près d'une bourgade appelée Tarnac, dans une vallée étroite entre les montagnes et la rivière du Rhône. L'endroit s'appelait Agaune, à cause des roches qui l'environnaient, à vingt lieues environ de Génève, et à six ou sept de la pointe orientale du lac. C'est le lieu que cet évènement a rendu si célèbre dans l'Eglise sous le nom de saint Maurice, entre le pays du Valais, la Savoie et le canton de Berne. Maximien, sans pénétrer dans les intentions des officiers et des soldats de la légion Thébaine, leur envoya les ordres qu'il avait donnés à l'armée, et leur fit entendre qu'il voulait se servir d'eux comme des autres soldats pour poursuivre les chrétiens, dont il avait résolu la perte dans les Gaules.

La légion refusa tout d'une voix d'obéir à ses ordres. Maximien, qui d'ailleurs était fort cruel et fort superstitieux, fut tellement irrité de cette désobéissance, qu'il ordonna qu'elle serait décimée. La décimation était une peine militaire établie chez les Romains contre des corps entiers et des compagnies qui étaient coupables; elle consistait à punir de mort chaque dixième soldat sur qui le sort tombait, et qui expiait ainsi la faute commune. Cet ordre fut exécuté sur la légion Thébaine, sans que, de tant de soldats qui avaient les armes à la main, aucun se mît en devoir de défendre son compagnon. Ceux que le sort épargnait étaient bien éloignés d'une telle disposition. Au lieu de pleurer les autres ou d'envisager leur mort comme un malheur, ils les estimaient heureux de souffrir ainsi pour Dieu qu'ils servaient. C'est pourquoi lorsque l'exécution fut achevée, ils firent une nouvelle protestation pour déclarer qu'ils n'obéiraient à personne pour commettre des sacrilèges, qu'étant chrétiens, ils ne pouvaient prendre part à l'idolâtrie, et qu'ils étaient déterminés à tout souffrir plutôt que de rien faire contre la foi qu'ils avaient embrassée. Leur réponse fut rapportée à Maximien, qui entra dans une fureur encore plus grande lorsqu'il vit mépriser les ordres qu'il avait réitérés après l'action pour les obliger à agir contre les chrétiens. Il commanda qu'on les décimât une seconde fois et que l'on fît obéir ceux qui resteraient. On fit donc mourir encore chaque dixième de la légion, suivant le sort. Cette seconde exécution ne diminua rien du courage des autres, qui s'exhortaient réciproquement à demeurer fermes dans leurs généreuses résolutions. Ils étaient fortifiés principalement par les discours de leurs officiers-généraux Maurice, Exupère et Candide, qui leur faisaient valoir l'exemple de leurs compagnons pour les animer à les suivre dans le ciel, où le martyre les avait déjà conduits. Ce fut par leur conseil qu'ils envoyèrent à l'empereur une remontrance dressée au nom de tous, et conçue à peu près en ces termes :

« Nous sommes vos soldats, seigneur, mais nous » sommes en même temps les serviteurs de Dieu, et » nous le confessons avec liberté. Nous vous devons » le service militaire, et à lui l'innocence ; nous rece-

» vous de vous la paie, et nous tenons la vie de lui.
» Nous ne pouvons suivre vos ordres lorsqu'ils se
» trouveront contraires aux siens, ni renoncer à
» Dieu notre créateur et notre maître, qui est aussi
» le vôtre quand vous ne le voudriez pas. Tant que
» l'on ne demandera rien de nous qui soit capable
» de l'offenser, nous vous obéirons comme nous
» avons fait jusqu'à présent ; autrement, nous lui
» obéirons plutôt qu'à vous. Nous offrons nos
» mains contre quelques ennemis que ce puisse
» être ; mais nous ne croyons pas qu'il nous soit
» permis de les tremper dans le sang des innocents.
» Ces bras, destinés à votre service, peuvent bien
» attaquer des impies et des barbares ; mais ils ne
» peuvent être employés à déchirer des gens de bien,
» des concitoyens et des fidèles sujets de l'empire.
» Pourriez-vous, après tout, vous assurer de notre
» fidélité si nous ne la gardions pas à notre Dieu ?
» Nous lui avons prêté le serment avant que de
» vous le prêter ; vous ne devez point vous fier au
» second, si nous violons le premier. Vous nous
» commandez de chercher des chrétiens pour les
» punir. En voici : nous le sommes ; il n'en faut
» point chercher d'autres. Vous nous trouverez
» disposés à souffrir ce que vous avez résolu de
» faire souffrir à ceux que vous ordonnez de pour-
» suivre. Nous confessons un Dieu auteur de toutes
» choses, et son fils Jésus-Christ. C'est tout l'objet
» de notre créance. Nous avons vu égorger nos com-

» pagnons à nos yeux sans les plaindre ; nous avons
» jugé leur sort heureux, et nous nous sommes ré-
» jouis de l'honneur qu'ils ont eu de souffrir pour
» leur Dieu. Ce n'est ni cette extrémité, ni le dé-
» sespoir qui forme nos résolutions. Rien n'est ca-
» pable de nous porter à la révolte ; nous sommes
» soumis dans les termes de nos devoirs ; et si nous
» avons les armes à la main, ce n'est pas pour ré-
» sister. Car nous aimons mieux mourir innocents
» que de vivre coupables. Voilà, seigneur, quelle
» est notre disposition. Si vos ordres veulent nous
» porter au-delà de nos devoirs, c'est une désobéis-
» sance nécessaire que nous voulons bien expier par
» les feux, par le fer, par tous les supplices qu'il vous
» plaira d'ordonner. C'est tout dire, que nous som-
» mes chrétiens, et qu'ainsi nous ne pouvons faire
» la guerre à des chrétiens »

Une remontrance si libre ne laissa plus à Maximien aucun sujet de douter des sentiments et des
résolutions de toute la légion. Il désespéra de pouvoir vaincre une telle fermeté, la voyant soutenue
par une conspiration si générale. C'est ce qui le
porta à la faire périr tout entière. Il donna un nouvel
ordre pour faire mourir tous ces braves soldats, et
fit marcher des troupes pour les environner et les
tailler en pièces. Nos généreux martyrs, ne se con-
sidérant plus que comme des soldats de Jésus-Christ,
et regardant ceux qui venaient à eux les armes à la
main moins comme des ennemis que comme des

bourreaux, quittèrent l'épée, jetèrent bas le bouclier, et, sans faire aucune résistance, ils présentèrent le cou aux persécuteurs ; ils ne crurent pas même devoir se défendre de paroles, estimant que la justice pour laquelle ils souffraient, ne pouvait être mieux soutenue que par leur sang innocent. Ils ne parlèrent donc que pour louer Dieu, et pour encourager leurs compagnons à demeurer fidèles à Dieu, et à imiter en quelque sorte leur divin maître, qui s'était laissé traiter comme un agneau que l'on mène à la boucherie et que l'on égorge sans ouvrir la bouche. La place fut couverte de corps morts, des ruisseaux de sang coulaient tout autour. Jamais on ne vit un si grand carnage sans combat, sans cris et sans plainte. Ils furent dépouillés comme des ennemis vaincus par ceux qui les avaient tués et qui avaient, dit-ont, reçu de l'empereur Maximien la permission de profiter de leurs dépouilles pour leur récompense. Un soldat vétéran nommé Victor, qui n'était point de cette légion et qui ne servait plus, passant son chemin, se rencontra au milieu de ceux qui avaient fait mourir les martyrs, et qui se réjouissaient en faisant bonne chère de leurs dépouilles. Ils l'invitèrent à manger avec eux, et lui contèrent avec plaisir tout ce qui s'était passé. C'est ce qu'il ne put entendre sans horreur ; et, comme il se retirait, détestant le festin et les conviés, ils l'arrêtèrent lui demandant s'il n'était pas aussi chrétien. Il déclara qu'il le serait toujours.

Ils se jetèrent sur lui à l'instant et le massacrè-
rent. Il fut ainsi uni à la légion Thébaine; et
l'Eglise, persuadée que Dieu l'avait associé à la
gloire de nos saints Martyrs dans le ciel, a cru
devoir aussi joindre à leur culte les honneurs qu'elle
avait à rendre à sa mémoire.

VIE

DE SAINT VICTOR.

Saint Victor de Marseille, officier et martyr, était
un personnage recommandable par sa naissance, par
le grade qu'il occupait dans l'armée, mais surtout
par son zèle pour la religion. Lorsque l'empereur
Maximien fut arrivé à Marseille en 290, pour sévir
contre les chrétiens de cette ville, qui étaient en
grand nombre, Victor allait pendant la nuit de maison en maison pour exhorter les frères à confesser
Jésus-Christ au péril même de leur vie. Arrêté pour
ce fait, il fut conduit devant les préfets Astère et
Eutyque, qui l'invitèrent à ne point abandonner la
faveur de l'empereur pour s'attacher à un *homme
mort* depuis longtemps. Victor leur prouva que leurs
divinités n'étaient que des démons. Il leur déclara

ensuite qu'étant soldat de Jésus-Christ, il renonçait à tout rang dans l'armée et à la cour du prince si l'honneur de son premier et véritable maître y était intéressé. Enfin il leur expliqua que le Seigneur Jésus, Fils du Dieu très haut, s'était à la vérité fait homme mortel, par amour pour la nature humaine; mais que, par sa vertu divine, il était ressuscité le troisième jour, et qu'il était monté au ciel, où il avait reçu de son Père un royaume éternel. Son discours fut accueilli par des injures et des huées; cependant comme il était un personnage de distinction, les préfets renvoyèrent sa cause à l'empereur, qui le fit comparaître devant lui. Ce prince, furieux de voir que Victor se montrait également insensible aux promesses et aux menaces, le condamna à être traîné par les pieds dans les rues de la ville. Pendant ce supplice on l'accablait de coups et d'injures; de manière qu'il avait le corps tout brisé et couvert de sang lorsqu'on le ramena devant le tribunal des préfets. Ces magistrats, s'imaginant que ses souffrances avaient abattu son courage, le pressèrent de nouveau de renoncer à Jésus-Christ pour adorer les dieux, lui montrant d'un côté les richesses et les dignités dont Maximien allait le combler s'il obéissait, et de l'autre les supplices qui lui étaient réservés s'il persistait dans sa première résolution. Le saint martyr, pour toute réponse, établit un parallèle entre les dieux du paganisme et Jésus-Christ, entre le culte idolâtrique et le culte chrétien. Le contraste parut si frappant,

que ses juges, ne sachant que répliquer, lui demandèrent comment il avait la hardiesse de dogmatiser
ainsi, et lui réitérèrent l'option entre sacrifier ou
mourir. — *Je méprise vos dieux et je confesse Jésus-Christ : me voilà prêt à souffrir tous les supplices que vous voudrez m'infliger.* Les deux préfets
ne pouvant s'accorder entre eux sur le choix des tourments, Eutyque se retira, laissant Astère maître
d'agir comme il l'entendrait. Celui-ci fit attacher
Victor à une croix; le martyr s'étant adressé à Dieu
pour lui demander la patience au milieu de ses dou-
leurs, Jésus-Christ lui apparut et lui dit : *Victor,
la paix vous soit donnée. Je suis Jésus qui prends
sur moi les injures et les tourments qu'on fait
souffrir à mes saints.* Cette voix divine le ranima
et le remplit d'une joie ineffable. Les bourreaux,
l'ayant détaché de la croix, le jetèrent au fond
d'un cachot. Il y fut visité pendant la nuit par des
anges, et la prison fut remplie d'une lumière plus
brillante que le soleil. Le saint martyr se mit à chan-
ter les louanges du Seigneur avec ces esprits célestes.
Les soldats qui le gardaient, témoins de ces prodiges,
se jetèrent à ses pieds, le priant de leur obtenir la
grâce du baptême. Victor, pour faire droit à leur demande, les instruisit en peu de mots, et ayant fait
venir des prêtres, il mena les soldats à la mer; lorsqu'ils eurent été baptisés, il les tira lui-même hors
de l'eau ; le lendemain, le prince informé de la conversion de ces soldats, qui s'appelaient Alexandre,

Longin et Félicien, ordonna qu'on les fît sacrifier aux dieux, ou que, sur leur refus, on les punit de mort. Victor, qu'on avait chargé de les faire apostasier, répondit qu'il ne pouvait détruire ce qu'il avait édifié il les exhorta au contraire avec tant de succès, qu'ils résistèrent à toutes les séductions, et Maximien leur fit sur-le-champ trancher la tête. Le saint, qui assistait à son exécution, demandait à Dieu d'être associé à leur martyre, et sa prière ne tarda pas à être exaucée. Ce jour-là, il fut suspendu en l'air et battu avec des bâtons et des nerfs de bœuf; ensuite on le reconduisit dans sa prison. Trois jours après, l'empereur le fit venir pour essayer une dernière tentative. Un prêtre idolâtre place un autel de Jupiter devant Victor, et l'empereur lui dit : *Prends de l'encens, sacrifie à Jupiter, et sois notre ami.* Le martyr s'approchant de l'autel, le renversa d'un coup de pied, aussitôt Maximien lui fit couper ce même pied, avec ordre de le conduire à un moulin qui se trouvait près de là, et de le mettre sous la meule pour y être broyé. Le mécanisme qui faisait tourner le moulin s'étant cassé comme le saint respirait encore, on lui trancha la tête, l'an 290. Maximien fit jeter à la mer son corps, qui fut repoussé sur le rivage. Les chrétiens le recueillirent et l'enterrèrent dans une grotte. C'est près de son tombeau que Cassien bâtit, dans le cinquième siècle, un monastère qui devint célèbre, sous le nom d'abbaye de Saint-Victor. Le pied que Maximien avait fait couper au saint martyr se garda, jusqu'à la révolution française, dans l'abbaye de Saint-Victor de Paris, il se trouve actuellement dans l'église de Saint-Nicolas-du-Chardonnet.

VIE

DE SAINT GEORGE.

Saint George, un des plus célèbres martyrs de l'Eglise, que les Grecs appellent grand martyr, était de Cappadoce, d'une famille distinguée par sa noblesse, et encore plus par son zèle pour la foi.

Sa naissance et son rang l'obligèrent d'entrer au service. Comme il était jeune, bien fait, et un des plus braves de l'armée, il gagna bientôt les bonnes grâces de l'empereur Dioclétien, qui l'éleva aux premiers grades de la milice. Son courage, sa sagesse et toute sa conduite, dans un âge si peu avancé, justifièrent le choix de l'empereur qui, reconnaissant tous les jours davantage les belles qualités et le mérite de ce jeune officier, pensait à le combler de nouvelles faveurs; mais la tempête qui se formait depuis quelques années contre les chrétiens, commençant à éclater, les circonstances changèrent l'esprit du prince, et donnèrent à la carrière de George une nouvelle direction

Agé seulement de vingt ans, ce jeune officier ne se regarda plus que comme une victime destinée au sacrifice; il s'y prépara par les actes des plus héroïques vertus. Comme il était du conseil, il vit qu'il fallait se déclarer des premiers, donner des preuves de sa foi, et ne point dissimuler sa religion. Il prévint le sacrifice de sa vie par celui de ses biens. Héritier, par la mort de sa mère, d'une riche succession, il distribua ses biens aux pauvres, vendit tous ses meubles et ses plus riches habits, en répandit l'argent sur les fidèles, la plupart dispersés au premier bruit de cette horrible persécution, et donna la liberté à ses esclaves.

Dépouillé de tout, il entre, pour ainsi dire, dans la lice et se rend dans la salle du conseil. L'empereur ayant communiqué le cruel et l'impie dessein qu'il avait d'exterminer tous les chrétiens, se vit applaudi par toute l'assemblée; mais on fut bien surpris quand notre jeune officier, se levant d'un air noble, mais modeste et respectueux, releva en peu de mots tout ce qu'on avait avancé pour autoriser la résolution de persécuter les chrétiens, et de les exterminer dans tout l'empire.

Comme il était naturellement éloquent, qu'il parlait avec beaucoup de grâce et de feu, il se fit écouter avec admiration et avec respect. Il démontra à toute l'assemblée l'injustice et l'impiété de cette persécution; il fit l'apologie des chrétiens, confondit les païens, et finit par exhorter l'empereur à révoquer des édits qui ne tendaient qu'à opprimer l'innocence. Il avait fini de parler, et l'on demeurait dans l'étonnement : la force de ses raisons, la vivacité de son discours, son air religieux, sa modestie avait comme interdit ses auditeurs, du moins il avait comme suspendu les passions de toute l'assemblée. L'empereur, frappé plus que les autres, ordonna au consul Magnence de répondre à notre saint. Il paraît bien, lui dit le consul, par la hardiesse avec laquelle vous avez parlé devant l'empereur, que vous êtes un des principaux chefs de cette secte : votre aveu mettra le comble à votre insolence ; mais notre prince, défenseur des dieux de l'empire, saura bien les venger de votre impiété.

S'il faut punir l'impiété, répond le saint, en fut-il jamais une plus abominable que d'attribuer à des créatures, même inanimées, les titres augustes et les droits inaliénables de la divinité. Il ne peut y avoir qu'un Dieu, et c'est le seul vrai Dieu que j'adore et que je sers. Oui, je suis chrétien, et ce seul ncm fait toute ma gloire ; et l'avantage de pouvoir donner mon sang pour celui de qui je tiens la vie fait tout mon bonheur. L'empereur, furieux de ce discours, et craignant que ce que le saint disait ne fît impression sur les esprits, ordonna qu'on le chargeât de chaînes et qu'on le jetât dans un cachot.

Le saint y trouva abondamment de quoi satisfaire le désir extrême qu'il avait de souffrir pour Jésus-Christ. Un supplice horrible, inouï jusqu'alors, fut le premier effet de la colère du tyran. On attacha ce généreux martyr à une roue armée de pointes d'acier, qui à chaque tour enlevait des lambeaux de chair, et fendait en sillons tout son corps. Sa joie durant cet horrible supplice étonna les bourreaux, qui tombèrent dans une extrême surprise, lorsque ne doutant point qu'il ne fût mort, ils le trouvèrent entièrement guéri de ses plaies.

Cette guérison miraculeuse convertit beaucoup de païens ; mais elle ne fit qu'irriter davantage le tyran. Comme saint George était une des premières victimes que Dioclétien immolait à sa cruauté, il n'est point de supplice qu'il n'employât pour vaincre sa magnanimité et sa constance. On a de la peine à croire tout ce que les actes les plus anciens rapportent de ses tourments. Tout ce que l'inhumanité la plus barbare, tout ce que la rage, tout ce que la malice de l'enfer peut inventer de plus cruel, fut employé pour faire souffrir cet invincible martyr, mais tout servit à confondre les païens, et à manifester la gloire et la toute puissance du Dieu qu'il adorait. Le fer, le feu, la chaux vive, tout fut mis en usage pour ébranler sa résolution et sa foi. La fermeté, la joie même qui paraissait sur son visage au milieu de tous ces supplices, l'éclat merveilleux qui entourait sa personne, et qui dissipait les ténèbres d'un affreux cachot ; plusieurs miracles qu'il fit en faveur même de ceux qui contribuaient le plus à le faire souffrir, tout cela fit triompher sa religion, et convertit à la foi beaucoup d'infidèles. Protole et Anatole, tous deux préteurs, furent de ce nombre. On eut beau crier au sortilége, aux enchantements; sa patience héroïque au milieu des plus grands tourments, et les prodiges qu'il opérait, ébranlèrent les plus obstinés, et firent craindre à l'empereur une conversion générale dans la ville. On assure que l'impératrice Alexandra en fut touchée, et qu'elle mérita la gloire du martyre. Quoi qu'il en soit de cette illustre conversion, il est certain que l'empereur, voyant que tous les supplices étaient inutiles, eut recours à l'artifice; et changeant tout-à-coup de ton et de conduite, il ordonne qu'on ôte toutes les chaînes à George et qu'on le lui amène.

Dès que ce prince vit paraître le saint, affectant une feinte douceur : C'est avec regret, lui dit-il que j'ai été contraint de vous faire subir la rigueur des édits portés contre les ennemis de ma religion ; vous n'ignorez pas l'estime que j'ai toujours eue de votre mérite; et le rang que vous tenez dans mes armées est une preuve de ma bonté : votre entêtement est le seul obstacle que vous puissiez mettre à votre fortune. Vous êtes jeune, vous avez les bonnes grâces de l'empereur, la faveur jointe à votre valeur vous promet les premières places : qu'attendez-vous pour rentrer dans votre devoir, et pour appaiser les dieux par des sacrifices?

Saint George prie l'empereur de le faire conduire dans le temple, pour y voir ces dieux de l'empire auxquels il voulait qu'il sacrifiât. Ce prince ne douta plus que sa douceur et ses promesses n'eussent triomphé du confesseur de Jésus-Christ. On le mène au temple, accompagné d'un peuple infini : dès qu'il apperçoit l'idole d'Apollon : Etes-vous Dieu ? s'écrie-t-il. A ces mots, qu'il accompagna du signe de la croix, tout le temple retentit de cris et d'hurlements effroyables, et l'on vit toutes ces sacrilèges statues tomber en pièces. A ce prodige, tout le monde fut effrayé; mais les prêtres des idoles ayant excité une effroyable sédition, on entendit tout le peuple demander qu'on délivrât au plus tôt la terre de ce monstre.

L'empereur ayant appris ce qui venait d'arriver, ordonna qu'on lui coupât la tête : ce qui fut exécuté le 23 avril, vers l'an 290.

Les armées chrétiennes se mettent ordinairement sous la protection de saint George. On le peint en cavalier qui attaque un dragon pour la défense d'une fille qui craint d'en être dévorée; mais c'est un symbole qui rappelle que cet illustre martyr a purgé sa province, représentée par cette fille, de l'idolâtrie qui est figurée par ce dragon.

VIE

DE SAINT FLORIAN.

Saint Florian *Florianus*, soldat et martyr, né à Zeiselmaur, dans la Basse-Autriche, après le milieu du iii⁰ siècle, fut élevé dans le christianisme, et servait dans les armées de l'Empire, lorsque Aquilin, gouverneur de la Norique, faisait dans la province des recherches contre les chrétiens. Florian ayant rencontré de ses compagnons d'armes qui étaient à la poursuite des fidèles, poussé par l'esprit de Dieu, il leur dit : *Pourquoi vous donner tant de peine pour les découvrir? Si vous voulez en trouver, rien n'est plus facile, puisque vous en avez un devant vous.* Les soldats l'ayant conduit au gouverneur, celui-ci lui demanda s'il était vrai qu'il fût chrétien. — *Oui, je le suis.* — *Imite tes camarades, sacrifie aux dieux, et tu échapperas au courroux de l'empereur.* — *Je ne le ferai pas.* — *Si tu ne veux pas obéir de bon gré, nous saurons t'y forcer par les tourments.* Alors Florian levant les yeux vers le ciel, *mon Seigneur et mon Dieu,* dit-il, *c'est en vous que j'ai placé mon espérance ; je ne vous renierai jamais. C'est pour vous que je combats..... Donnez-moi la force de souffrir, placez-moi au nombre de vos vaillants soldats : des fidèles confesseurs de votre saint nom, afin que je vous loue et vous glorifie, ô vous qui êtes béni dans tous les siècles. — Que veux-tu dire avec toutes tes vaines paroles ? Es-tu assez audacieux pour mépriser les ordres de l'empereur ? — Tant que j'ai servi dans vos armées, j'ai servi mon Dieu en secret : aujourd'hui comme soldat, je suis encore soumis à vos ordres ; mais comme chrétien, je n'obéis qu'à Dieu seul. Vous pouvez tout sur mon corps, rien sur mon âme, et il n'est point de puissance qui soit capable de me forcer à sacrifier aux idoles.* Cette généreuse réponse lui valut une cruelle flagellation, qu'il subit avec un courage héroïque ; ce qui ne fit qu'augmenter la fureur d'Aquilin ; il ordonna de redoubler les coups et d'arracher la chair de ses épaules avec des crochets de fer ; mais voyant que rien ne pouvait vaincre sa résolution, il le condamna à être jeté dans la rivière d'Ens avec une pierre au cou ; ce qui fut exécuté le 4 mai, pendant la persécution de Dioclétien, l'an 297 ou 304. Une pieuse dame, nommée Valérie, l'enterra dans sa campagne, près de Lorch. Plus tard, on y érigea une église avec un couvent. Saint Pétrone, évêque de Bologne, au ve siècle, obtint de Rome, où son corps avait été transféré, une partie de ses reliques qu'il déposa dans l'église de Saint-Étienne; et saint Florian, devint par là l'un des principaux patrons de Bologne. Dans le XIIe siècle, le pape Luce III envoya une partie de ses reliques à Casimir, roi de Pologne, et depuis cette époque, il est regardé comme un des principaux patrons de ce royaume. — Sa fête est fixée au 4 mai.

Le présent opuscule et toute la collection dont il fait partie se trouvent chez M. l'abbé Albouy, à l'hôpital militaire de Toulouse.

M. l'abbé Albouy envoie *franco* son Catalogue à qui le demande par lettre affranchie.

VIE DU BIENHEUREUX LABRE
PÈLERIN FRANÇAIS
ÉDITION TRÈS COMPLÈTE

On le reçoit *franco*, si on envoie 50 centimes en timbres-poste à M. l'abbé Albouy à l'hôpital militaire de Toulouse.

Tous ces ouvrages se trouvent aussi :

A LYON, chez Briday, libraire, place Montazet, 4

A MARSEILLE, chez Laferrière, rue Tapis-Vert

A BORDEAUX, chez Lacaze, rue des Ayres, 20;

A CLERMONT, chez Leguay et Servoingt, r. Pascal;

A ARRAS, chez Bradier, rue Saint-Géry;

A SAINT-ETIENNE, chez Ponston;

A ORLÉANS, chez vᵉ Marille, rue Bannier, 96;

A POITIERS, chez Mˡˡᵉ Bertaud, r N.-Dame la Petite

A AVIGNON, chez Aubanel;

A NîMES, chez Vaton, près l'église Saint-Paul.

A ROUEN, chez Fleury, place de l'Hôtel-de-Ville.

A ANGERS, chez Gastineau, rue Baudrière.

BIBLIOTHÈQUE DE TOULOUSE

Avec approbation de Mgr l'Archevêque

Jolis volumes in-32, avec gravures et couverture en couleur imprimée.

1 Le Pater expliqué.
2 Les 7 Péchés Capitaux.
3 Le Blasphème flétri.
4 La Confession expliquée.
5 La Messe et la Communion.
6 La Clef du Ciel.
7 L'Ange de la Jeunesse.
8 Si Jeunesse Savait.
9 La Bonne Journée.
10 Mon Pain Quotidien.
11 Explication des Fêtes de Notre-Seigneur.
12 Explication des Fêtes de la Sainte-Vierge.
13 Traité de la Patience.
14 Les Chrétiens d'aujourd'hui.
15 L'Ignorance est la Plaie du siècle.
16 Sanctification du Dimanch
17 Vie de Jésus-Christ.
18 Vie de Germaine Cousin.
19 Vie de saint Joseph.
20 Vies de saint Pierre et saint Paul.
21 Ciel, Purgatoire, Enfer.
22 Trésor du Chrétien.
23 Vie de saint Louis de Gonzague.
24 La Salette à tout le monde
25 Fleurs de l'Evangile.
26 Pieux Commerce avec les Morts.
27 Le Curé d'Ars.
28 La Vertu Angélique.
29 Vie de sainte Thérèse.
30 La Passion de N.-S.
31 La Confiance en Dieu.
32 L'Ave Maria et le Rosaire
33 Retraite du mois.
34 Mois de Marie des familles
35 Pensées de Napoléon sur la Religion.
36 Le Sacré Cœur.
37 Vie de Benoît Labre.
38 Fables et Paraboles chrétiennes.
39 La Charité Chrétienne.
40 Vie de la Sainte-Vierge.
41 Vie de st Vincent de Paul.
42 Vie Intérieure.
43 *Les Papes*. Traits historiques.
44 Vie de S. Martin de Tours.
45 Vie de S. Jean-Baptiste.

MON RÈGLEMENT DE VIE

OU MODÈLE DE VIE CHRÉTIENNE

5 centimes.

www.ingramcontent.com/pod-product-compliance
Lightning Source LLC
Chambersburg PA
CBHW051250030726
47595CB00003B/1177